Publicado por Robert Corbin

@ Husai Romo

Baja en Carbohidratos: Recetas Saludables Para El

Corazón en Una Dieta Baja en Carbohidratos

Todos los derechos reservados

ISBN 978-87-94477-77-2

TABLE OF CONTENTS

lechuga Paleo Wraps 1

Lasaña De Coliflor, 6 Porciones 6

Cordero Al Curry 9

Pechugas De Pollo Al Horno 11

Fajas De Verduras.. 13

Ensalada De Pepino 15

Quiche De Tocino Y Queso Cheddar Con Corteza De Coliflor 17

Salteado De Pollo Y Camarones 20

Bbq Coreano Con Costillas De Cocción Lenta................ 22

Las Mini Donas Cetogénicas 23

Huevo De Tocino Cetogénico Con Muffins De Queso 25

El Waffle Cetogénico Bajo En Carbohidratos 27

Chaffle De Galletas Con Cheddar Y Bacon...................... 30

Palitos De Chaffle De Ajo.. 33

Deliciosa Sopa De Brócoli 36

Gazpacho 38

Sopa Verde Cruda 39

Curry De Verduras De Otoño 41

Filete Con Especias Y Salsa De Coco 42

Rollo De Repollo 45

Mock Mac Mexicano Y Queso 46

Repollo Cremoso Gratinado 49

Horneado De Calabaza Rustica 51

Salteado De Vegetales 53

Ensalada De Atún 55

Ensalada De Pollo Blt 57

Salmón Asado A La Sartén Con Tomate Cherry 59

Solomillo De Cajún Con Champiñones 62

Chips Crujientes De Col Rizada Con Parmesano 64

Chips De Calabacín A La Barbacoa Al Horno 66

Los Bollos Cetogénicos Suecos 69

Muffins De Proteína De Semillas De Amapola Y Limón Keto 71

Los Waffles Belgas Cetogénicos 75

Cereal Cetogénico 77

Pizza Para El Desayuno Baja En Carbohidratos 80

Huevos En Taza Con Jalapeño 82

Pizza Chaffle Básica 84

Pizza Chaffle De Pollo Ahumado A La Barbacoa............. 87

Pizza Chafle De Pepperoni... 90

Albóndigas De Tofu Toscana 93

Salsa De Macadamia Con Pimiento Rojo........................ 97

Verduras Rellenas.. 99

Solomillo De Ternera Escalfado Con Verduras De Invierno 101

Taco De Carne 103

Filete Suizo Súper Simple 105

Pizza De Portobello Y Pesto... 107

Hamburguesas De Coliflor Y Setas 110

Lasaña De Repollo Keto... 113

Sopa De Repollo 116

Tocino Y Huevos 118

Pot Roast Y Frijoles Negros Asiáticos 119

Pollo Y Ajo Con Hierbas Frescas 122

Eglefino Con Tocino Y Tomate.. 124

Bocaditos De Tocino, Chile Y Queso Con Pecanas........ 126

Aceitunami Tapenade-Fille Dpepinor Bipruebas.......... 128

El Pan De Lino Cetogénico Focaccia 130

Pan Keto De Romero Y Tomillo Con Semillas De Lino .. 133

El Bagel Cetogénico Definitivo 136

Espaguetis De Calabaza A La Boloñesa......................... 139

Rollitos De Primavera Con Salsa De Lima Y Maní......... 143

Lechuga Paleo Wraps

Ingredientes:

- 1 cucharadita de aceite de sésamo
- Lechuga iceberg
- 1 aguacate (en rodajas)
- 3 cucharadas de grasa de su elección
- 1 libra de pechugas de pollo
- 4 onzas de setas shiitake (picadas)
- 1 cebolla (picada)
- 1 1cebollas verdes (finamente picadas)
- Puñado de cilantro (picado)
- 1 limón (jugo)

- 1taza de salsa de soja sin trigo reducida en sodio
- 1 cucharadita de salsa de ajo chili
- 3 dientes de ajo (picados)

Direcciones:

1. Caliente una cacerola con 2 cucharadas de aceite, corte el pollo en trozos
2. pequeños y añada la sartén. Cocínalo hasta que esté bien hecho. Mientras cocina el pollo, agregue el jugo de limón, la salsa de chile, el
3. aceite de sésamo, las cebollas verdes y el cilantro en un tazón para servir. Una vez que el pollo esté listo, agregarlo al tazón.
4. Agregue un poco de aceite para saltear la sartén, ponga los champiñones, las cebollas y el ajo y cocine por 10 minutos hasta que se torne dorado.
5. Añadir al bol y girar para cubrir.

6. Retire el tallo de la lechuga por la mitad, lave y pele en tazas individuales.
7. Cargue el pollo en las tazas de lechuga y cúbralo con aguacate.

Alitas De Pollo Dulces Y Pegajosas, 4 Porciones.

Ingredientes:

- 19cucharadita de hojuelas de pimiento rojo
- 2 libras de alitas de pollo
- 3 cucharadita de sal rosa del Himalaya
- 1 taza de coco Aminos
- 1cucharadita de jengibre molido
- 1cucharadita de ajo granulado
- 1cucharadita de cebolla en polvo

Direcciones:

1. Precalentar el horno a 240 ° C. Coloque las alas en una bandeja para hornear con borde, espolvoree abundantemente con sal fina del Mar del Himalaya y hornee las alas durante unos 45 a 50 minutos.
2. Mientras horneas las alas, comienza la salsa.
3. Calienta una sartén grande a fuego medio y agrega los aminos de coco.
4. Agregue el polvo de jengibre, los gránulos de ajo, el polvo de cebolla y las hojuelas de pimiento rojo (opcional).
5. Revuelva periódicamente y la salsa comenzará a burbujear, reducir el calor.
6. La salsa se reducirá adecuadamente cuando se espese un poco, luego se reduce a fuego lento hasta que las alas se terminen de cocinar.
7. Coloque las alas en un tazón grande hermético y vierta la salsa sobre ellas.

8. Revuelva para distribuir uniformemente con la salsa, y sirva.

Lasaña De Coliflor, 6 Porciones

Ingredientes:

Boloñesa:

- 1 lata de tomates (triturados)
- 1 cucharada de caldo de res
- 100 ml de vino tinto
- 1 12 cucharadita de sal
- 1 pizca de pimienta negra
- 1 libra de carne (molida)
- 1 cebolla amarilla
- 3 dientes de ajo
- Mantequilla

Salsa de queso:

- 100 ml de crema espesa

- 4 onzas de queso lleno de grasa

- 200 ml de crema agria

- Sal marina y pimienta negra.

Hojas de lasaña:

- 3 tazas de arroz de coliflor (envasado)

- •4 huevos

- 14 cucharadita de sal

- 1 pizca de pimienta negra

- 100 ml d queso parmesano (grilla)

Direcciones:

1. Poner el horno a 200 ° C. Para la boloñesa, freír la carne molida en mantequilla y poner en una olla.

2. Cortar finamente la cebolla, el ajo y también freír en mantequilla. Ponga la cebolla y el ajo fritos en la olla y vierta los tomates triturados y la salsa de tomate.
3. Condimente con caldo, vino tinto, sal y pimienta negro y cocine a fuego lento durante unos 15 a 20 minutos. Para las hojas de lasaña, cepille el papel de pergamino con aceite y coloque en una sartén.
4. Para asar finamente una coliflor de tamaño mediano en una máquina procesadora de alimentos.
5. Coloque la coliflor a la parrilla en un horno durante unos 5 minutos, y revuelva. Enfriar, colocar y exprimir su líquido con una toalla para secar el arroz.
6. Ponga el arroz, los huevos y las especias de la coliflor en un tazón y mezcle. Hornee la masa en un horno durante unos 15 minutos, retire, enfríe y córtelos en trozos deseados.

7. Deje hervir la crema espesa y pesada, retire del fuego y agregue el queso.
8. Añadir sal y pimienta al gusto. En un molde para hornear profundo agregue un poco de boloñesa, hojas y salsa de queso.
9. Aumente la temperatura del horno a 225 ° C y hornee por unos 30 minutos.

Cordero Al Curry

Ingredientes:

- 2 tazas de ramitos de coliflor
- 2 tazas de guisantes frescos
- 1 taza de caldo de pollo o vegetales
- 1 tazas de leche de coco
- 1 cucharada de pasta de curry verde
- 1 cucharadita de jengibre fresco gratinado
- 1 kilo de cordero cortado en tiras

- 1 taza de manzana picada

- 1 taza de pimientos verdes

- 12 taza de apio picado

- 14 de taza de menta fresca picada

Direcciones:
1. Prepara tu olla de cocción lenta.
2. Pon el cordero en la olla de cocción lenta, seguida de la manzana, los pimientos y el apio. Si es posible añade el brócoli en los últimos 30-45 minutos de la cocción, de otra manera añade al mismo tiempo.
3. En un recipiente combina el caldo de pollo o vegetales, la leche de coco, el curry en pasta, el jengibre y la menta. Mezcla bien y añade a la olla de cocción lenta.
4. Cubre y cocina por 4 horas en temperatura baja o 6 horas a temperatura alta.

Pechugas De Pollo Al Horno

Ingredientes:

- dos cucharadas de aceite de oliva
- Especias como:
- Orégano
- Tomillo
- Polvo de ajo
- 4 pechugas de pollo deshuesadas y sin piel
- Sal
- Pimienta al gusto
- Cebolla en polvo

Direcciones:
1. Precalentar el horno

2. Coloque las pechugas de pollo en la bandeja para hornear.
3. Cepille ambos lados del pollo con aceite de oliva.

Fajas De Verduras

Ingredientes:

- Champiñones en rodajas finas
- 1 cebolla mediana
- Aceite de oliva, 1 cucharada
- Chile en polvo
- Comino
- Pimentón
- Polvo de ajo
- Al gusto, agregue sal
- Pimiento rojo en rodajas finas, una
- 1 pimiento amarillo cortado finamente
- 1 pimiento naranja

- (en rodajas finas)
- Pimienta al gusto

Direcciones:
1. Prepara una sartén grande
2. Calentar a fuego medio]
3. Añadir aceite de oliva\
4. Deja que el aceite de oliva se caliente.
5. Añadir los pimientos
6. agregar las cebollas
7. Añadir los champiñones
8. saltear las verduras
9. Saltee hasta que estén tiernos y caramelizados.
10. Agregar todos los condimentos
11. Añadir sal y pimienta al gusto
12. Remueve un poco más
13. Servir con rellenos a elección.
14. Disfrutar

Ensalada De Pepino

Ingredientes:

- Un cuarto de taza de vinagre blanco
- dos cucharaditas de azúcar
- Sal al gusto
- 1 o 2 pepinos en rodajas finas
- más cualquier hierba o especia adicional (opcional)

Direcciones:
1. Bate el vinagre, el azúcar y la sal hasta que el azúcar y la sal se disuelva en el recipiente pequeño.
2. Combine los pepinos en rodajas finas y el aderezo en un plato diferente.

3. Si lo usa, incluya hierbas o especias adicionales
4. Para permitir que los sabores se mezclen, coloque la ensalada de pepino en el refrigerador durante al menos 30 minutos antes de servir.

Quiche De Tocino Y Queso Cheddar Con Corteza De Coliflor

Ingredientes:

LA CONFIANZA:

- Un huevo
- Cuarto de cucharadita de sal
- Cuarto de cucharadita de ajo en polvo
- Una cabeza de coliflor
- Un cuarto de taza de queso mozzarella regular rallado
- Un cuarto de taza de queso parmesano rallado

LLENADO:

- Media taza de crema espesa regular

- Media taza de agua de grifo regular

- Seis huevos

- Un cuarto de cucharadita de sal de mesa.

- Ocho rebanadas de tocino cocidas y cortadas finamente

- Cuatro onzas de queso cheddar rallado

- Un cuarto de taza de queso parmesano

Direcciones:

LA CONFIANZA:

1. Ralle la coliflor en un procesador de alimentos.
2. Ponga en un plato cubierto para microondas y cocine por cinco o seis minutos.
3. Deje enfriar esto sin tapa durante doce minutos.
4. Ponga su coliflor ya cocida en una estopilla y exprima toda el agua que pueda.

5. Agregue la coliflor seca en un recipiente con queso mozzarella, queso parmesano, huevo, sal y ajo en polvo. Mézclalo todo.
6. Coloque la mezcla de la corteza en el fondo de un molde para tartas.
7. Hornear a 425° FAHRENHEIT durante unos catorce a diecinueve minutos.
8. Saque y reserve sobre una superficie que no se derrita.

LLENADO

9. Vierta tocino, queso parmesano, queso cheddar en la corteza.
10. En un recipiente de tamaño regular, mezcle la crema, el agua, los huevos y la sal.
11. Cocine en el horno a 350°F durante aproximadamente cuarenta a cuarenta y cinco minutos o hasta que el relleno esté listo.
12. Saque y deje enfriar un poco antes de servir.

Salteado De Pollo Y Camarones

Ingredientes:

- Tres cucharadas de jengibre picado

- Una libra de brócoli fresco picado en ramilletes o ramilletes congelados

- Una libra de pollo deshuesado y sin piel que esté cortado en cubos.

- Un cuarto de taza de aminoácidos de coco

- 11 gotas de Stevia líquida

- Una libra de camarones con colas congeladas o frescas, peladas.

- Dos cucharadas de aceite de coco

- Una cebolla verde finamente cortada

- Cuatro dientes de ajo picados

- Un cuarto de cucharadita de sal marina o sal común si no está disponible.

Direcciones:
1. En una sartén grande, derrita el aceite de coco a fuego medio-alto.
2. Cocine las cebollas que agregue a la sartén hasta que se doren. color translúcido.
3. Agregue el ajo y el jengibre y sofría hasta que estén cocidos.
4. Vierta el brócoli y fría durante unos diez u once minutos más.
5. Agregue los aminoácidos de coco y la Stevia.
6. Luego, agregue el pollo, los camarones y la sal.
7. Cocine hasta que los camarones estén bien cocidos.
8. Sirva caliente sobre arroz de coliflor.

Bbq Coreano Con Costillas De Cocción Lenta

Ingredientes:

- Seis onzas de zanahorias bebé cortadas por la mitad
- Cuatro cebollas hirviendo peladas
- Cinco dientes de ajo pelados
- Dos libras de costillas de cerdo
- Una taza y media de salsa BBQ

DIRECCIONES:
1. Coloque las verduras en la parte inferior de una olla de cocción lenta y añade las costillas en la parte superior.
2. Cubre con la salsa BBQ y cocínelo a fuego alto durante cinco o seis horas.
3. Ponga sal a su gusto, sirve caliente y disfrute

Las Mini Donas Cetogénicas

Ingredientes:

- 1 ½ cucharada de harina de coco
- 1 ½ cucharadita de harina de coco
- 1 cucharadita de levadura en polvo
- 1 cucharadita de extracto de vainilla
- 4 cucharaditas de extracto de eritritol
- 10 gotas de stevia (líquida).
- 3 onzas . de queso crema
- 3 huevos medianos a grandes
- 3 2 3 cucharadas. de harina de almendras

Direcciones:
1. Con la ayuda de una licuadora de inmersión, mezcle suavemente y mezcle bien todos los

Ingredientes:, luego caliente la máquina para hacer donas y rocíe el interior con un poco de aceite de coco.

2. Vierta la masa en partes iguales en las porciones de la máquina para hacer donas.
3. Deje que la masa de donas se cocine durante aproximadamente 3 minutos por un lado y 3 minutos por el otro lado.
4. Retire las donas de la máquina para hacer donas y déjelas a un lado para que se enfríen y repita el procedimiento con la masa restante si no puede terminarlas de una vez.

Huevo De Tocino Cetogénico Con Muffins De Queso

Ingredientes:

- 1 cucharada. de levadura en polvo
- ½ cucharadita de sal ½ taza de agua
- 5 huevos batidos
- 3 tiras de tocino
- 1 taza de requesón
- ¾ taza de queso parmesano rallado
- ¼ de taza de harina de coco
- 23 de taza de harina de almendras
- ½ taza de queso cheddar rallado

Direcciones:

1. Precaliente su horno a aproximadamente 400 grados F y engrase sus moldes para muffins.
2. Coge un bol y mezcla dentro el requesón, con el queso parmesano, la harina de almendras, la harina de coco, la sal, el agua, la levadura química y el huevo recién batido.
3. Mezcle el tocino desmenuzado junto con el queso cheddar. Llene los moldes para muffins hasta que estén a la mitad o ¾ de su capacidad, luego espolvoree la parte superior de los muffins con queso cheddar extra (rallado); esto es opcional.
4. Hornea durante unos 30 minutos, hasta que los muffins se hayan vuelto de color marrón claro y sírvelos calientes o fríos durante unos minutos a temperatura ambiente antes de servirlos.

El Waffle Cetogénico Bajo En Carbohidratos

Ingredientes:

- 2 cucharadas. de Mayo
- 2 cucharadas. de sus toppings cetogénicos (preferentemente sirope sin azúcar o mantequilla).
- 2 huevos grandes
- 2 onzas. de queso crema

Direcciones:

1. Tome su licuadora o una bala mágica, y adentro, mezcle los huevos junto con el queso crema.
2. No es necesario que lleve Ingredientes:a temperatura ambiente. Mezcle la mezcla de queso y huevo hasta que pueda lograr una masa fina y burbujeante.

3. Dejar reposar la masa unos minutos. (unos 5 minutos), y mientras esto sucede, saque su Wafflera y precaliéntela durante unos 5 minutos.
4. Cuando la gofrera esté caliente, y una vez que la gofrera se haya calentado, simplemente vierta el lote en su interior (el tamaño del lote que vierta dependerá de la extensión de la gofrera).
5. Si no tiene una máquina para hacer gofres Cuisinart grande, debe ajustar el vertido del lote de gofres y, a veces, es posible que tenga que hacer dos lotes de gofres (si está haciendo algo para sus amigos y familiares).
6. Cierre la tapa de la waflera y espere unos momentos hasta que ya no vea salir vapor.
7. Coloque la placa para gofres y luego rellénela si es necesario. Sirva los waffles inmediatamente.

8. Debe tomar nota del hecho de que estos waffles pueden no salir tan crujientes como otros waffles, sin embargo, saldrán mejor y más crujientes si usa un horno tostador, esto solo significa que puede tomar aprovecha la máquina para hacer gofres y luego tuéstalos en el horno tostador cuando quieras.

Chaffle De Galletas Con Cheddar Y Bacon

Ingredientes:

- 1 cucharada de perejil picado
- 1 cucharada de cebolla picada
- ½ cucharada de sin salmantequilla
- 2 cucharadas de harina de almendras
- 2 tiras de tocino
- 2 cucharadas de crema agria
- ½ taza de queso rallado
- ½ de queso parmesano
- 1 pizca de levadura en polvo
- 1 pizca de sal y pimienta

Direcciones:

1. Comienza preparando los Ingredientes:. Comience calentando una sartén y use 1 cucharada de mantequilla.
2. Derrita la mantequilla y agregue las tiras de tocino. Las tiras de tocino comenzarán a cocinarse en la mantequilla.
3. Una vez cocidos, utiliza un papel o un rollo de cocina para secarlos por completo. Luego, córtalos en trozos pequeños.
4. En un tazón, agregue todos Ingredientes:húmedos, como la crema agria, el tocino, el queso y los huevos, y bátalos bien.
5. En un recipiente aparte, mezcle Ingredientes:secos como el perejil, la cebolla, la harina de almendras, el polvo de hornear, la sal y la pimienta. Luego agregue estos Ingredientes: al tazón con Ingredientes:húmedos.

6. Luego precalienta la waflera a fuego medio. Una vez precalentado, debes agregar el queso parmesano como base al chaffle.
7. Luego vierte la mezcla sobre el queso. Rematar con un poco más de queso. Deja que se cocine bien. Una vez que esté cocido, puede servir sus galletas de tocino.

Palitos De Chaffle De Ajo

Ingredientes:

- ½ cucharadita de orégano
- ½ cucharadita de sal
- 2 a 3 dientes de ajo en polvo 2 cucharadas de mantequilla sin sal
- 1 huevo
- 1 taza de queso mozzarella
- 1 Cucharadade harina de almendras

Direcciones:

1. Para hacer unos deliciosos palitos de chaffle con ajo, empieza por preparar la base de chaffle.

2. Estos son un refrigerio saludable bajo en carbohidratos y son los entrantes perfectos para su comida de pizza.
3. Comience tomando un tazón. Agrega 1 huevo, ½ taza de queso mozzarella (si tu queso no está rallado, usa un rallador para rallarlo), 1 cucharada de harina de almendras, una pizca de sal y bate la mezcla.
4. Una vez que lo hayas batido, precalienta la máquina de gofres a fuego medio. Luego extienda la mezcla de chaffle en la máquina de gofres.
5. Cierra la tapa y déjalo cocinar por unos 3 minutos hasta que esté dorado. Retire la chaffle y córtela en palitos.
6. Luego comience la Direcciones: de la pasta de ajo. Usa los dientes de ajo y tritúralos.
7. Agrégalos a un tazón con ¼ de taza de queso mozzarella y bate hasta formar una pasta.

Precaliente su parrilla y coloque los palitos de chaffle encima.

8. Agregue la pasta a la parte superior de los palitos y termine espolvoreando queso mozzarella encima.
9. Deje que estos palitos se cocinen durante unos 2 minutos. Servirlos calientes y frescos.

Deliciosa Sopa De Brócoli

Ingredientes:

- 1 pimiento rojo picado
- 1-2 tallos de apio, cortados en trozos grandes
- 1 aguacate
- Aminos Líquidos de Bragg o Sal al gusto
- 2 tazas de caldo de verduras o agua
- 3-4 tazas de brócoli, picado
- 2 cebollas rojas o amarillas, picadas
- Comino y Jengibre al gusto

Direcciones:

1. Caliente 2 tazas de agua o caldo en una sartén eléctrica.

2. Mantenga la temperatura a 118 grados o menos (prueba del dedo).
3. Agregue el brócoli picado y caliente durante 5 minutos.
4. Haga puré con el brócoli, la cebolla, el pimiento, el apio y el aguacate calientes.
5. Diluya con agua adicional si es necesario para lograr la consistencia deseada.
6. Para agregar un toque crujiente, guarde los tallos de brócoli y retire la piel exterior dura; en un procesador de alimentos hasta que queden trozos pequeños.
7. Añadir a la sopa justo antes de servir. Servir tibio. Agregue Bragg's, comino y jengibre y cualquier otra especia que desee.

Gazpacho

Ingredientes:

- ¼ taza de pimiento verde picado
- 1 cucharada Aceite de oliva
- 1 cucharadita Albahaca
- ½ cucharadita ajo picado
- 4 tazas de jugo de tomate fresco
- ½ taza de pepino, picado
- ¼ taza de apio, finamente picado
- ½ cucharadita Pimienta

Direcciones:

1. Combina Ingredientes:. Cubra y enfríe durante la noche.

Sopa Verde Cruda

Ingredientes:

- 1 Chile Jalapeño, sin semillas Jugo de ½ Limón
- 1 zanahoria, finamente picada
- 1-2 tazas de caldo de verduras ligero o agua
- ½ Cebolla Amarilla, picada
- 1-2 aguacates
- 1 cucharada cilantro fresco
- 1-2 pepinos, pelados y sin semillas
- 1 cucharada perejil fresco
- 3 dientes de ajo asado

Direcciones:

1. Haga puré todos los Ingredientes:, excepto las cebollas y las zanahorias, en un procesador de alimentos.
2. Agregue más o menos agua hasta obtener la consistencia deseada.
3. Para adornar agregue cebollas y trocitos de zanahoria cruda.

Curry De Verduras De Otoño

Ingredientes:

- 1taza de yogur griego con grasa natural
- 2 cucharaditas de aceite de oliva
- 1 taza de batata pelada
- 1 taza de pequeñas flores de coliflor
- 1taza de cebolla amarilla delgada
- 2 cucharaditas de curry en polvo
- 1taza de caldo de verduras orgánico
- 12cucharadita de sal
- 1 1latas de garbanzos (enjuagados y escurridos)
- 1 1lata de tomates cortados en cubitos

- 2 cucharadas de cilantro fresco

Direcciones:

1. Caliente el aceite de oliva en una sartén grande a fuego moderado, y agregue la batata a la sartén, saltee durante 3 a 5 minutos.
2. Reduzca el calor y agregue la coliflor, la cebolla y el curry en polvo, cocine por 1 a 5 minuto y revuelva constantemente.
3. Agregar el caldo, la sal, los garbanzos y los tomates a hervir.
4. Tape y cocine a fuego lento durante 10 a 15 minutos hasta que las verduras estén tiernas, revolviendo intermitentemente.
5. Espolvoree con cilantro y sirva con yogurt.

Filete Con Especias Y Salsa De Coco

Ingredientes:

- 1 cucharadita de canela
- 1 cucharadita cilantro

- 1 kilo de filete de flanco, rebanado en tiras
- 1 taza de cebolla morada rebanada
- 4 tazas de ramitos de coliflor
- 1 taza de garbanzos en lata y cocinados
- 1 cucharada aceite de oliva
- 2 tazas de caldo de res
- 2 tazas leche de coco sin azúcar
- 1taza de coco rallado sin azúcar
- 1 cucharada pasta de tomate
- 1 cucharada de jugo de lima
- 3 cucharadas de salsa de soya
- 4 cabezas de ajo picado
- 1 cucharada de jengibre fresco y gratinado

Direcciones:

1. Prepara tu olla de cocción lenta.
2. Agrega la carne a la olla de cocción lenta y en capas la cebolla, la coliflor, los garbanzos y el aceite de oliva.
3. En un recipiente, combina el caldo de pollo, la leche de coco, el coco rallado, la pasta de tomate, jugo de lima, la salsa de soya, ajo, el jengibre, la canela y el cilantro. Mezcla bien y añade a la olla de cocción lenta.
4. Cubre y cocina por 4-4 ½ horas en temperatura alta o 6 horas en temperatura baja.

Rollo De Repollo

Ingredientes:

- 1 cucharadita de sal
- 1 kilo de carne de res molida
- 1taza de tocino ahumado en tozos
- 4 tazas de repollo rebanado
- 1 taza de cebolla amarilla rebanada
- 1 tazas tomates en lata con líquido
- 2 cabezas de ajo picado
- 1 taza de caldo de res
- 12de taza de vinagre de manzana en sidra
- 1de cucharadita de canela
- 2 cucharadita de semillas de alcaravea

- 1 cucharadita de sal

Direcciones:

1. Prepara tu olla de cocción lenta.
2. Añade la carne, el tocino, el repollo, la cebolla, los tomates y el ajo.
3. En un recipiente, combina el caldo de res, el vinagre, la canela, la alcaravea, la sal y la pimienta negra.
4. ezcla bien antes de añadir a la olla de cocción lenta.
5. Cubre y cocina por 6 horas a temperatura baja.

Mock Mac Mexicano Y Queso

Ingredientes:

- 1 taza de crema entera
- 2 cucharadita de chile ancho en polvo
- 1 cucharadita comino

- 14 de taza de cilantro fresco picado
- 1 cucharadita de sal
- 1 cucharadita de pimienta negra
- 1 cabeza de coliflor grande, cortada en ramitos pequeños
- 2 dientes de ajo picado
- 1 taza de jitomate picado
- 1 taza de queso amarillo (producido en Monterrey) rallado
- 1 taza de queso Cotija desmenuzado
- 12 taza de queso crema
- 1 taza de caldo de pollo o vegetales

Direcciones:
1. Prepara tu olla de cocción lenta.

2. Añade la coliflor, el ajo, los tomates y el caldo de vegetales o pollo.
3. Cubre y cocina por 2 horas en temperatura alta.
4. En un recipiente, combina el queso, el queso Cotija, el queso crema, la crema entera, el chile, comino, cilantro, sal y la pimienta. Mezcla bien.
5. Cerca de una hora antes de comer, esparce en la mezcla de queso en la olla de cocción lenta hasta que esté bien distribuida.
6. Cubre y continúa la cocción hasta que esté bien cocido.

Repollo Cremoso Gratinado

Ingredientes:

- 1 huevo batido
- 12 taza de queso fontina desmenuzado
- 12 de taza de queso suizo desmenuzado
- 14 de perejil fresco picado
- q cucharada de cebollín verde frescos picados
- 1 cucharadita de sal
- 1 cucharadita de pimienta negra
- 4 tazas de repollo triturado
- 1 taza de zanahoria pelada y en rebanadas delgadas
- 12 taza de cebollines rebanados

- 12 taza de caldo de vegetales

- 12 taza de leche

Direcciones:
1. Prepara tu olla de cocción lenta.
2. Mezcla el repollo, la zanahoria, cebollines, el caldo de vegetales, la leche, y un huevo en la olla de cocción lenta.
3. Cubre y cocina por 2 horas a temperatura alta.
4. Media hora antes de comer, añade el queso fontina, el queso suizo, el perejil, los cebollines verdes, la sal, y la pimienta.
5. Cubre y continua la cocción hasta que el queso este derretido.

Horneado De Calabaza Rustica

Ingredientes:

- 12 taza de jugo de manzana sin azúcar
- 12 taza de nueces pecanas picadas
- 1 cucharadita de tomillo
- 1 cucharadita de nuez moscada
- 1 cucharadita de sal
- 1 cucharadita de pimienta negra
- 4 tazas de calabaza moscada pelada y cortada en cubos
- 1 taza de calabaza bellota pelada y en cubos
- 1 taza de cebolla amarilla picada
- 1 taza de tocino ahumado y picado (opcional)

- 1 12 taza de caldo de vegetales

Direcciones:

1. Prepara tu olla de cocción lenta.
2. Añade la calabaza mostaza a la olla de cocción lenta, seguida de la calabaza bellota, la cebolla morada y el tocino.
3. Añade el caldo de vegetales y el jugo de manzana.
4. Después, las nueces y sazona con tomillo, nuez moscada, sal y pimienta.
5. Cubre y cocina por 4 horas a temperatura baja.

Salteado De Vegetales

Ingredientes:

- 1 cebolla mediana (cortado en cubitos)
- 2 zanahorias en rodajas finas brócoli
- Champiñones en rodajas
- 1 cucharadita de aceite (aceite de oliva preferiblemente)
- 2cuartos de taza de salsa de soya
- Una porción de salsa hoisin
- 1 cucharadita de jengibre (rallado)
- Ajo picado de 2 dientes
- Pimiento rojo en rodajas finas, una
- 1 pimiento amarillo cortado finamente

- Otro pimiento (preferiblemente naranja y en rodajas finas)

- Sal al gusto, hojuelas de chile (opcional)

Direcciones:
1. Prepara tu sartén
2. Calentar a fuego medio
3. Agregar el aceite
4. Deje que el aceite se caliente
5. agregue los pimientos, la cebolla, las zanahorias, el brócoli y los champiñones
6. Las verduras se deben sofreír hasta que estén blandas y ligeramente caramelizadas.
7. Agregue la salsa de soya, la salsa hoisin, el jengibre, el ajo y las hojuelas de chile.
8. Cocine por dos minutos adicionales

Ensalada De Atún

Ingredientes:

- Cebolla, cortada en cubitos
- Pimientos (cortado en cubitos)
- 2 cucharadas de pepinillos, cortados en cubitos
- 1 cucharadita de sal
- Pimienta (1 cucharada)
- Dos latas de atún escurridas
- Mayonesa
- Apio (cortado en cubitos)
- Mostaza de dijon (1 cucharada)

Direcciones:

1. En un tazón grande, combine el atún, la mayonesa, el apio, la cebolla, el pimiento, los pepinillos y la mostaza.
2. Combinar a fondo
3. Agregar sal al gusto
4. Agregar pimienta al gusto

Ensalada De Pollo BLT

Ingredientes:

- Una cucharada de jugo de limón fresco exprimido o de limón

- Una cucharadita de pimienta negra

- Ocho tazas de verduras de ensalada cortadas

- Dos tomates picados

- Una libra y media sin piel y sin huesos de pechugas de pollo, cocidas y cortadas en cubos

- Once trozos de tocino cocidos y desmenuzados

- Media taza de mayonesa regular o baja en grasa

- Tres cucharadas de salsa barbacoa

- Dos cucharadas de cebolla finamente picada

- Dos huevos hervidos y cortados en rodajas.

Direcciones:

1. En un recipiente, combine los primeros cinco Ingredientes: y mézclelos bien.
2. Cúbralas y refrigérelas hasta que estén listas para servir toda la comida.
3. Ponga las verduras de la ensalada en un tazón.
4. Agregue los tomates, el pollo y el tocino
5. Añada los huevos cocidos.
6. Tire el vendaje.
7. Sirve y disfrute

Salmón Asado A La Sartén Con Tomate Cherry

Ingredientes:

- Cuarto de cucharadita de pimienta negra molida
- Salmón
- Cuatro filetes de salmón
- Media cucharadita de sal regular o kosher
- Cuarto de cucharadita de pimienta negra
- Una cucharada de aceite de oliva
- Dos tazas de tomates cherry, cortados por la mitad, Una cucharada de aceite de oliva regular
- Cuarto de cucharadita de sal kosher o sal común

- Dos dientes de ajo, picados

- Tres cuartos de taza más bajo si es posible de caldo de pollo de sodio

Direcciones:
1. Caliente el horno a 425 grados Fahrenheit. Ponga los tomates en una bandeja para hornear.
2. Cúbrelo con papel de aluminio y ponga sal y pimienta encima.
3. Revuelva para abrigar.
4. Cocine hasta que los tomates estén blandos durante nueve a doce minutos, asegurándose de revolver.
5. Mientras tanto, cubre los filetes con sal y pimienta.
6. En una sartén grande, caliente el aceite a fuego medio-alto.
7. Agregue los filetes y cocine de tres a cuatro minutos por cada lado. Retire de la sartén.

8. Agregue el ajo a la sartén, cocine y revuelva por aproximadamente un minuto.
9. Agregue el caldo, revolviendo para aflojar los trozos dorados de la sartén.
10. Deje hervir y cocine hasta que el líquido se haya escurrido a la mitad durante uno o dos minutos.
11. Agregue los tomates asados y devuelva el salmón a la sartén.
12. Hornee hasta que el pescado comience a escamarse con un tenedor, de cuatro a siete minutos.

Solomillo De Cajún Con Champiñones

Ingredientes:

- Media libra de champiñones frescos cortados en rodajas o enlatados si no están disponibles

- Un puerro mediano (porción blanca solamente), y cortado por la mitad

- Una cucharada de mantequilla o margarina

- Una cucharadita de ajo picado

- Una taza y media de vino tinto seco

- Un cuarto de cucharadita de pimienta

- Un cuarto de libra de filete de solomillo de ternera

- Dos cucharadas de condimento cajún básico

- Dos cucharadas de aceite de oliva extra virgen

- Un octavo de cucharadita de sal

Direcciones:

1. Ponga el condimento Cajún en el bistec y deje reposar por siete minutos.
2. En una sartén, cocine el bistec en aceite extra virgen a fuego medio-alto de siete a diez minutos por cada lado.
3. Retire y mantenga caliente.
4. En la misma sartén, saltee los hongos y vierta la mantequilla o margarina hasta que estén tiernos.
5. Agregue el ajo y cocine de uno a dos minutos más.
6. Agregue el vino, la pimienta y la sal, revolviendo.
7. Deje hervir y luego cocine hasta que el líquido haya caído a la mitad.
8. Corte el bistec en rodajas y sírvalo con salsa de champiñones a su gusto.

Chips Crujientes De Col Rizada Con Parmesano

Ingredientes:

- ¼ taza (aproximadamente 1 onza) de queso parmesano rallado
- ½ cuchara de sal
- 1 manojo de col rizada de hoja
- 2 cucharadas de aceite de oliva

Direcciones:
1. Precalentarel horno a 375°F.
2. Asegúrate de que la col rizada esté muy seca. Corta la col rizada en trozos del tamaño de un bocado.
3. En un tazón grande, mezcle la col rizada con el aceite de oliva. Colóquelo en una sola capa en una bandeja para hornear grande y espolvoree con una pizca o dos de sal.

4. Hornee hasta que la col rizada esté crujiente, de 10 a 15 minutos. Espolvorea el queso parmesano por encima y hornea por otros 5 minutos.
5. Sirva inmediatamente o almacene las papas fritas en un recipiente hermético a temperatura ambiente hasta por 3 días.

Chips De Calabacín A La Barbacoa Al Horno

Ingredientes:

MEZCLA DE CONDIMENTOS:

- ½ cuchara de cebolla en polvo
- ½ cuchara de ajo en polvo
- ¼ de cuchara de pimienta
- ½ cuchara de azúcar morado claro
- ¾ de cuchara de sal
- 1 cuchara de pimentón
- 1 cuchara de comino molido
- ½ cuchara de chile en polvo

PAPAS FRITAS:

- 2 calabacín mediano, rebanado en rodillos muy finos aceite de canola en aerosol para cocinar

Direcciones:
1. Precalentar el horno a 375°F. Cubra una bandeja para hornear con borde grande con Spray para cocinar.
2. Para la mezcla de condimentos:
3. En un tazón pequeño, combine las especias con el azúcar y la sal hasta que estén bien mezclados.

Para las patatas fritas:
4. Coloque las rodajas de calabacín en una sola capa sobre el preparadobandeja para hornear (es posible que necesite usar dos hojas) y cubra las rebanadas ligeramente con más aceite en aerosol. Espolvorea con un poco de la mezcla de condimentos (puedes agregar más más tarde).

5. Hornear durante 30 a 40 minutos. Gire la bandeja o, si usa dos bandejas, cámbielas y continúe horneando hasta que las papas fritas estén doradas y crujientes, otros 30 a 45 minutos.
6. Retirar del horno y dejar enfriar.durante un par de minutos, luego transfiéralo a un tazón y sirva, espolvoreando con condimentos adicionales si lo desea.

Los Bollos Cetogénicos Suecos

Ingredientes:

- 2 cucharadas. del poder de la cáscara de Psyllium
- ½ cucharadita de sal
- 1 cucharada. de levadura en polvo
- 2 cucharadas. de aceite de oliva virgen extra
- 2 huevos grandes
- ½ taza de harina de almendras
- 1 cucharada. de semillas de lino enteras
- 1 cucharada. de semillas de girasol sin cáscara

Direcciones:
1. Precaliente el horno a aproximadamente 400 grados F, mezcle la harina de almendras con las semillas, la sal, el psyllium y el polvo de

hornear dentro de un tazón mediano a grande.
2. Agregue los huevos, el aceite de oliva y la crema agria y mezcle suavemente durante unos 2 minutos. Deje reposar la mezcla durante unos 5 minutos.
3. Corta la masa en 4 y luego dales forma de bolas antes de colocarlas en un molde para pasteles y asegúrate de usar papel pergamino para evitar que se peguen.
4. Hornea los bollos durante unos 25 minutos hasta que se doren y sírvelos cuando estén calientes.

Muffins De Proteína De Semillas De Amapola Y Limón Keto

Ingredientes:

- 1 cucharada. de aceite de coco o mantequilla sin sal derretida
- 1 huevo grande almacenado a temperatura ambiente
- 1 cucharadita de extracto de vainilla
- ¼ de taza de yogur griego puro y sin grasa
- ¼ de taza de agave
- 2 cucharadas. de zumo de limón recién exprimido
- ½ taza de leche de almendras y vainilla sin azúcar

- 2 cucharadas de proteína en polvo baja en carbohidratos (se prefiere la proteína en polvo para el cuerpo magro de Jamie Eason).

- ½ taza más 2 cucharadas. de harina de coco

- 1 cucharadita de goma xantana

- ¾ cucharadita de levadura en polvo

- ¾ cucharadita de bicarbonato de sodio

- ¼ de cucharadita de sal

- 1 cucharada. de semilla de amapola

- 1 cucharada. de ralladura de limón

Direcciones:
1. Precaliente su horno a aproximadamente 350 grados F, y luego cubra ligeramente, 8 moldes para muffins (tamaños estándar), con un spray antiadherente para cocinar).

2. Tome un tazón mediano a grande y dentro mezcle la harina de coco, junto con la goma de xantano, el polvo de hornear, la sal, el bicarbonato de sodio, las semillas de amapola y la ralladura de limón, y revuelva bien para asegurar una mezcla adecuada.
3. Tome un recipiente aparte y dentro mezcle el aceite de coco o la mantequilla con la vainilla, antes de mezclar con el yogur hasta que no queden grumos grandes.
4. Agregue el agave, junto con la leche de almendras y el jugo de limón, luego mezcle la proteína en polvo en la mezcla.
5. Agregue la mezcla de harina de coco, luego revuelva toda la mezcla hasta que se mezclen perfectamente.
6. Deje reposar la masa durante unos 10 minutos. Divida la masa entre los moldes para muffins preparados, y luego hornéelos durante aproximadamente 24 minutos dentro

del horno a 350 grados F, e inserte un palillo después de hornear, si sale limpio, entonces los muffins están listos.

7. Enfríe los muffins en un molde durante aproximadamente 5 minutos antes de colocarlos en la rejilla.

Los Waffles Belgas Cetogénicos

Ingredientes:

- ¼ taza de harina de avena

- una taza de crema agria

- ½ cucharadita de extracto de vainilla

- ½ cucharadita de sal

- 4 cucharadas de mantequilla sin sal

- 4 huevos grandes separados

Direcciones:

1. Con la ayuda de una batidora eléctrica, bate los huevos y reserva en un bol.
2. En el tazón de la batidora, bata solo la mantequilla y agregue la yema de huevo. Agregue la harina y la crema agria, luego agregue la vainilla, la sal y la nuez moscada.

3. Agregue las claras de huevo y luego vierta en una plancha para gofres precalentada y hornee durante unos 30 minutos.

Cereal Cetogénico

Ingredientes:

- 2 cucharadas de semillas de chía
- ½ cucharada de clavo molido
- ½ cucharadita de canela molida
- 1 cucharadita de extracto puro de vainilla
- 1 cucharadita de sal kosher
- 1 huevo blanco grande
- ¼ Aceite de coco fundido
- Aerosol de cocina
- 1 taza de almendras picadas
- 1 taza de nueces, picadas
- 1 taza de copos de coco sin azúcar

- ¼ taza de semillas de sésamo

- 2 cucharadas de semillas de lino

Direcciones:

1. Antes de comenzar, caliente el horno a 350 grados Fahrenheit y engrase una bandeja para hornear con rocío de cocina.
2. Mezcle las almendras, nueces, copos de coco, semillas de sésamo, semillas de lino y semillas de chía en un tazón grande.
3. En un recipiente aparte, bata el huevo hasta que se vean las espumas y añada a la mezcla, luego revuelva en la granola.
4. Agregue el aceite de coco y revuelva hasta que se forme una sola textura.
5. Vierta sobre la bandeja de metal preparada (hoja para hornear) y extiéndala en una capa uniforme.
6. Hornee de 20 a 25 minutos (o hasta que el color se vuelva dorado).

7. Revuelva lentamente y deje que se enfríe por completo.

Pizza Para El Desayuno Baja En Carbohidratos

Ingredientes:

- ¼ cucharadita de orégano seco

- Una pizca de hojuelas de pimiento rojo

- 2 cucharadas de salsa para pizza

- ¼ mini pepperoni, ½ Pimiento verde picado

- 4 huevos grandes, 2 ½ mozzarella rallada

- ¼ Parmesano rallado y algunos más para decorar (opcional)

- Sal Kosher

- Pimienta negra recién molida

Direcciones:

1. Antes de comenzar, caliente el horno a 400 grados Fahrenheit y forre una bandeja

metálica (hoja para hornear) con papel de pergamino.
2. Mezcle los huevos, 2 tazas de mozzarella y el parmesano en un tazón.
3. Revuelva hasta que se mezclen, luego agregue la sal, la pimienta, el orégano y las hojuelas de pimiento rojo.
4. Esparza la mezcla en una bandeja para hornear de ½ pulgadas de grosor.
5. Hornee a 12 minutos (hasta que estén ligeramente dorados).
6. Esparza la salsa de pizza sobre la masa horneada. Cubra con el resto de mozzarella, pepperoni y pimiento morrón.
7. Hornee la pizza durante unos 10 minutos (hasta que el queso y la corteza estén crujientes),
8. Añadir parmesano por encima y finalmente sirva.

Huevos En Taza Con Jalapeño

Ingredientes:

- ½ taza de cheddar rallado
- ½ taza de mozzarella rallada
- 2 jalapeños, 1 picado y 1 rebanada fina
- 1 cucharadita de ajo en polvo
- Sal kosher
- Pimienta negra recién molida
- 12 rebanadas de tocino
- 10 huevos grandes
- ¼ taza de crema agria
- Aerosol de cocina (para sartén antiadherente)

Direcciones:

1. Antes de comenzar, caliente el horno a 375 grados Fahrenheit.
2. Cocine el tocino en una sartén a fuego medio (hasta que el color cambie a un poco marrón).
3. Use una toalla de papel para escurrir el tocino del aceite.
4. Bata los huevos, la crema agria, los quesos, el jalapeño picado y el ajo en polvo en un tazón grande.
5. Sazone con sal y pimienta.
6. Rocíe el molde de panecillos con aerosol de cocina y coloque cada tocino en cada taza de molde.
7. Vierta la mezcla en cada taza de lata (23 rellenos) y agregue la rebanada de jalapeño en la parte superior para cada uno.
8. Hornee durante 20 minutos (hasta que los huevos ya no se vean mojados). Deje enfriar un poco antes de sacarlo del molde para panecillos. Servir.

Pizza Chaffle Básica

Ingredientes:

- ½ cucharada de hierbas italianas

- 1 cucharadasalsa de tomate 1 tira de pechuga de pollo Una pizca de sal y pimienta Pasta de 1 diente de ajo

- 1 huevo

- 1 taza de queso cheddar rallado

Direcciones:

1. Comience la construcción de su pizza haciendo una base de chaffle.
2. Para hacer la base de chaffle, necesitas preparar la mezcla de chaffle. Puedes hacerlo agregando el huevo,
3. ½ taza de queso cheddar rallado y hierbas italianas. Bate bien todos estos Ingredientes:.

4. Precaliente su waflera y agregue Ingredientes:a la waflera cuando esté medianamente caliente.
5. Deje que el chaffle se cocine durante unos 3 minutos hasta que esté dorado.
6. La clave aquí es no cocinar demasiado, ya que el chaffle se horneará más. Por lo tanto, asegúrese de que el chaffle esté medianamente cocido.
7. Cortar la pechuga de pollo en cubos y marinarlos con pasta de ajo, sal, pimienta y hierbas italianas.
8. Asegúrate de que la mezcla esté bien marinada. Luego cocine su pollo en una vaporera. Ponga la salsa de tomate en el chaffle.
9. Luego agregue el pollo cocido al chaffle y agregue ½ taza de queso rallado para completar.

10. Coloque el chaffle en una bandeja para hornear e insértelo en un horno precalentado a 400 Fahrenheit.
11. Deja que se hornee como máximo 5 minutos hasta que el queso se derrita.

Pizza Chaffle De Pollo Ahumado A La Barbacoa

Ingredientes:

- 1 tira de pechuga de pollo
- 1 cucharaditade mostaza
- 1 pieza de carbón
- Una pizca de sal y pimienta Pasta de
- 1 diente de ajo
- 1 huevo
- 1 taza de queso parmesano ralladoqueso
- ½ cucharadita de té de chile en polvo
- cucharada de harina de almendras
- 2 cucharada de salsa de tomate
- 1 cucharada de cebolla picada

Direcciones:

1. Esta pizza chaffle ahumada es perfecta si eres fanático del sabor ahumado de la barbacoa.
2. Puedes empezar haciendo la masa de pizza, que será una base típica de chaffle.
3. Primero comenzará con la Direcciones: de la mezcla de chaffle.
4. Puede hacerlo agregando el huevo, ½ taza de queso mozzarella rallado (triture su queso con un rallador si no tiene queso rallado) y harina de almendras en una bola.
5. Bate bien todos estos Ingredientes:. Luego, debe precalentar su máquina para hacer gofres y agregar Ingredientes:a la máquina para hacer gofres.
6. Asegúrate de que la mezcla se cocine durante al menos 3 minutos hasta que esté dorada.
7. Luego prepara el pollo ahumado. Comience cortando la pechuga de pollo en cubos y marinando con pasta de ajo, sal, pimienta,

chile en polvo y mostaza. Asegúrate de que la mezcla esté bien marinada. Luego cocine su pollo en una vaporera.

8. Doblar el carbón en un papel de aluminio y ponerlo en la sartén para darle al pollo un sabor ahumado.

9. Una vez que el pollo se cocina por separado de la vaporera. Extienda la salsa de tomate en el chaffle. Luego agregue el pollo ahumado al chaffle y las cebollas.

10. Luego agregue ½ taza de queso rallado para completar. Hornea tu pizza chaffle en un horno precalentado a 400 Fahrenheit. Hornea por 5 minutos y listo, ¡ya tienes tu pizza lista!

Pizza Chafle De Pepperoni

Ingredientes:

- 1 cucharadasalsa de tomate 1 salchicha de salami
- Pizca de sal y pimienta
- 1 cucharada de mantequilla sin sal.
- 1 huevo
- 1 taza de queso mozzarella rallado 1 cucharada de harina de coco
- ½ cucharada de hierbas italianas

Direcciones:
1. Comience preparando el pepperoni. Tome la salchicha de salami y córtela en rodajas finas.
2. Luego calienta tu sartén a fuego medio. Derrita la mantequilla en su sartén y fría su

salchicha de salami en la estufa durante 3 minutos.
3. Retíralas y colócalas sobre un papel de cocina para que absorba el exceso de aceite.
Entonces comience su base de chaffle.
4. Para hacer la base de chaffle, necesitas preparar la mezcla de chaffle.
5. Puedes hacerlo agregando el huevo, ½ taza de queso mozzarella rallado, harina de coco y hierbas italianas. Mezcla bien estos Ingredientes:.
6. Precaliente su waflera y agregue Ingredientes:a la waflera cuando esté medianamente caliente.
7. Deje que el chaffle se cocine durante unos 2 a 3 minutos hasta que cambie su color a un marrón dorado.
8. Cogemos la base de chaffle y dejamos que se enfríe un poco. Asegúrese de quitarlo de

forma segura con una lengua. Luego ponga la salsa de tomate encima del chaffle.
9. Agregue el salami al chaffle y cúbralo con ½ taza de queso mozzarella.
10. Coloque su pizza de pepperoni chaffle en una bandeja para hornear e insértela en un horno precalentado a 350 Fahrenheit. Hornea tu pizza durante unos 6 minutos.

Albóndigas De Tofu Toscana

Ingredientes:

- 1 taza de caldo de verduras (marca Pacific Foods of Oregon)
- ¼ taza de avena integral
- 2 tazas de albahaca fresca, finamente picada
- 2 tazas de perejil
- ¼ de cucharadita Pimienta negra, recién molida
- 2 cucharaditas "Zip" o pizca de Cayenne Pepper
- 1 cucharada Aceite de oliva
- 3 cucharadas Aminos líquidos de Bragg

- 1-2 tazas de migas de tortilla de trigo germinado

- 1 taza de arroz integral y salvaje cocido, 5050

- 1 medicina Cebolla roja, finamente picada

- 2 dientes de ajo picados

- 2 tallos de apio con hojas, finamente picado

- 2 libras. Tofu FIRME (Nigari), desmenuzado

- Spice Hunter's Herbes de Provence al gusto (alrededor de 1 cucharadita)

Direcciones:

1. Tome 8-10 tortillas de trigo germinadas y déjelas secar en un mostrador o séquelas rápidamente en un horno a baja temperatura.
2. Rompe en pedazos pequeños y mézclalos en un procesador de alimentos hasta que estén finamente triturados.
3. Ponga a un lado en un tazón. Freír al vapor el apio, la cebolla y el ajo en una sartén eléctrica. Cocine hasta que se ablanden, unos 6 minutos.
4. Transferir a un tazón grande. Mezcle el tofu, el caldo de verduras, la avena y los aminoácidos líquidos hasta que quede suave.
5. Agregue la albahaca, el perejil, la pimienta negra y el "Zip" y pulse hasta que estén bien mezclados.
6. Agregar a la mezcla de cebolla. Agregue el arroz salvaje cocido y las migas de tortilla a la mezcla de cebolla. Mezclar bien.

7. La mezcla debe ser ligeramente pegajosa pero formar bolas con facilidad.
8. Si la mezcla está demasiado húmeda, es posible que deba agregar más migas de tortilla.
9. Precalentar el horno a 400 grados. Engrase ligeramente una bandeja para hornear galletas o una fuente para hornear.
10. Forme bolas con la mezcla. Enrolle cada bola en las migas de tortilla restantes para cubrir.
11. Hornee de 20 a 30 minutos o hasta que esté ligeramente dorado.
12. Sirva con salsa de macadamia con pimientos asados para mojar las bolas.

Salsa De Macadamia Con Pimiento Rojo

Ingredientes:

- 6 dientes de ajo asado
- 3 hojas grandes de albahaca fresca Sal y pimienta al gusto
- ½ a 1 taza de aceite de oliva
- 4-5 piezas grandes de pimientos rojos asados
- 1 libra de nueces de macadamia (crudas)

Direcciones:
1. Procese todos los Ingredientes:, excepto el aceite de oliva, en un procesador de alimentos hasta que quede cremoso.
2. Añadir poco a poco el aceite de oliva hasta que esté bien emulsionado.
3. Esta salsa se puede hacer espesa para mojar rebanadas de tofu a la parrilla o las albóndigas

de tofu toscana, o se puede diluir para usar como aderezo para ensaladas.

Verduras Rellenas

Ingredientes:

- 1 taza de judías verdes a la francesa
- ½ taza de brotes de soja
- ½ pimiento verde
- 1 cucharadita Perejil (picado)
- 3 cucharaditas Hojuelas de cebolla deshidratadas humedecidas con jugo de tomate o caldo de verduras
- 8 hojas de col
- 2 tallos de apio
- 2 tazas de caldo de verduras

Direcciones:

1. Escalde las hojas de col con agua hirviendo y déjelas tapadas en una olla durante media hora.
2. Picar finamente las verduras y agregar perejil. Mezcla. Vierta la mezcla de vegetales en cada hoja de repollo.
3. Enrolle apretado y meta los extremos. Use palillos de dientes para sujetar.
4. Cocine a fuego lento en caldo de verduras durante 1 hora. Sazone con aceite de semilla de lino, aminoácidos líquidos de Braggs y pimienta de cayena.

Solomillo De Ternera Escalfado Con Verduras De Invierno

Ingredientes:

- 2 kilos de carne de ternera para asar
- 1 cucharadita de sal
- 1 cucharadita de pimienta negra
- 1 ramita de romero fresco
- 1 cucharada de tomillo fresco
- 2 tazas de zanahoria penada y en rebanadas delgadas
- 2 tazas de betabel pelado y en rebanadas
- 2 taza de pastinaca pelada y en rebanadas
- 3 tazas de caldo de res

Direcciones:

1. Prepara tu olla de cocción lenta.
2. Añade la carne a la olla de cocción lenta y sazona con la sal, la pimienta negra, el romero y el tomillo.
3. Cubre con el caldo de res y añade las zanahorias, betabel y la pastinaca.
4. Cubre y cocina a temperatura baja por 8-8 ½ horas.

Taco De Carne

Ingredientes:

- 1 taza de granos de elote fresco
- 1 taza jitomate picado
- 1 taza de hile poblano en cuadros
- 1taza de aceitunas negras rebanadas
- 1 cucharada de comino molido
- 2 cucharadita de chile en polvo
- 1 cucharadita de ajo en polvo
- 1 cucharadita de polvo de cayena
- 1 cucharadita de pimienta negra
- 1de taza de caldo de res o jugo de tomate
- 1taza de queso Cotija desmenuzado

- 1 kilo de carne de res molida
- 1 taza de cebolla morada rebanada
- 1 taza de pimiento verde rebanado
- 1 cucharadita de sal

Direcciones:
1. Prepara tu olla de cocción lenta.
2. Añade la carne, la cebolla, los pimientos, el elote, el jitomate, el chile poblano y las aceitunas a la olla de cocción lenta.
3. Sazona con comino, chile en polvo, ajo, cayena, la pimienta y la sal.
4. Añade el caldo de pollo o jugo de tomate, cubre y cocina por 7 horas a temperatura baja.
5. Cerca de media hora antes de comer remueve la tapa y añade el queso Cotija. Remplaza la tapa y continúa la cocción.

Filete Suizo Súper Simple

Ingredientes:

- 1 1taza de caldo de res
- 1 cucharadita de estragón
- 1 kilo de sirlón en cubos
- 1 cucharadita de sal
- 1 cucharadita de pimienta negra
- 3 cabezas de ajo picado
- 1 taza de apio picado
- 1 taza de zanahoria picada
- 1 taza de cebolla amarilla en rebanadas
- 2 tazas de jitomate en lata con el líquido

Direcciones:

1. Prepara tu olla de cocción lenta.
2. Sazona la carne con sal y pimienta, agrégala a la olla de cocción lenta.
3. Añade el ajo, el apio, las zanahorias, la cebolla y los jitomates en lata a la olla de cocción lenta.
4. Cubre con el caldo de res y sazona con el estragón.
5. Cubre y cocina por 4-4 ½ horas a temperatura alta o 7 horas a temperatura baja o hasta que la carne tenga la cocción deseada.

Pizza De Portobello Y Pesto

Ingredientes:

Para la Pizza de Portobello y Pesto:

- 2 tomates medianos, en rodajas
- 4 setas de Portobello
- 4 onzas de mozzarella rallada (aproximadamente 113 gramos)
- 112 cucharadas de aceite de oliva

Para el pesto de albahaca:

- 2 tazas de hojas de albahaca
- 2 cucharadas de piñones o nueces
- 3 cucharadas de aceite de oliva
- 12 aguacate pequeño
- 1 diente de ajo, pelado

Direcciones:

1. Precalienta el horno a 400 grados F (aproximadamente 204 grados centígrados).
2. En un procesador de alimentos, prepara el pesto de albahaca procesando los piñones, el aguacate, el ajo y la albahaca.
3. Agrega aceite de oliva y procesa un poco más para obtener una consistencia parecida a la de la salsa. Sazona el pesto de albahaca con sal y pimienta.
4. Retira los tallos de las setas y raspa las branquias internas con una cuchara. Usa aceite de oliva para cepillar ambos lados de las setas.
5. Coloca las setas en una hoja con las tapas hacia abajo. Coloque 13 del pesto sobre las setas, luego esparce los tomates y el queso encima.

6. Hornea por 15-18 minutos o hasta que el queso esté burbujeante. Disfruta y congela los restos.

Hamburguesas De Coliflor Y Setas

Ingredientes:

- 8 onzasde setas, picadas en trozos pequeños(aproximadamente 227 gramos)
- 1 cucharada de aceite de oliva
- 1 diente de ajo, picado
- 12 cebolla amarilla, picada
- Sal y pimienta a gusto
- 6+ cucharadas de harina de almendras
- 12 cucharadita de romero seco
- 12 cabeza de coliflor, rallada (o 2 tazas de coliflor)
- Cobertura: ketchup, espinaca, mostazatahini

Direcciones:

1. Combina todos Ingredientes:de la cobertura en un tazón pequeño y resérvalos.
2. En una sartén plana o de hierro fundido, agrega el aceite de oliva y cocina la cebolla a fuego medio durante 2 minutos.
3. Agrega el ajo y las setas. Luego espolvorea el romero seco encima. Revuelve con una cuchara de madera y cocina por 3-4 minutos adicionales o hasta que las setas estén blandas.
4. Agrega el arroz de coliflor y revuelve por 1 minuto más; condimenta con sal y pimienta.
5. Retira del fuego y deja que se enfríe a temperatura ambiente.
6. Mientras tanto, precaliente tu horno a 400 grados F (aproximadamente 204 grados centígrados) y luego cubre la bandeja para hornear con papel pergamino.

7. Una vez que puedas manejar la mezcla de coliflor cómodamente, agrega 2 cucharadas de harina de almendras y mezcla todo.
8. Una vez mezclado, forma 6 hamburguesas. Las hamburguesas deben permanecer juntas.
9. Puedes agregar más harina si notas que se están agrietando demasiado. Coloca las hamburguesas en la bandeja para hornear.
10. Hornea por 30 minutos a 400 grados F (aproximadamente 204 grados centígrados) o hasta que las hamburguesas estén doradas en la parte superior. Puedes asarlas por unos minutos más, si lo deseas.
11. Cuando estén listas para comer, puedes servirlas con espinacas, tomates, bollos, lechuga, cebolla morada y pepinillos, si lo deseas. De lo contrario, congela para más adelante.

Lasaña De Repollo Keto

Ingredientes:

- 2 libras de carne molida, dorada(aproximadamente 907 gramos)
- 3 huevos grandes
- 14 taza de perejil seco, opcional
- 112 tazas de queso parmesano, rallado
- 3 libras de queso ricotta(aproximadamente 1360 gramos)
- 1 cabeza de repollo
- 14 taza de queso parmesano, rallado (opcional)
- 32 onzasde queso mozzarella, cortado o rallado (aproximadamente 907 gramos)

- 40 onzas de salsa marinara sin azúcar agregada(aproximadamente 1134 gramos)

Direcciones:

1. Separa cuidadosamente las hojas del repollo y dejaque se cocinendurante 5-10 minutos en agua hirviendo con sal. Una vez hecho esto, usaun paño o repasador de cocina para drenar el exceso de agua.
2. En un tazón, mezcla el queso parmesano, el queso ricotta, los huevos y el perejil. Luego reserva.
3. Agrega la salsa marinara a la carne dorada y revuelve.
4. Vierte 34 tazas de la salsa en el molde para hornear. Puedes usar una bandeja de 11 por 15 pulgadas.
5. Extiende una capa de las hojas de repollo cocidas sobre la salsa en el molde para hornear.

6. Coloca la mitad de la mezcla de queso ricotta sobre las hojas de repollo.
7. Agrega la salsa restante y luego extiende la mitad del queso mozzarella encima.
8. Repite las capas y luego decora con queso parmesano adicional, si así lo deseas.
9. Hornea durante unos 25 minutos a 350F (aproximadamente 177 grados centígrados).

Sopa De Repollo

Ingredientes:

- 1 zanahoria, cortada en cubitos
- Tomates cortados
- Aceite de oliva
- hojas de laurel
- Tomillo
- orégano
- 2 tazas de caldo o salsa de tomate
- 1 cabeza de repollo (Cortado)
- 1 cebolla grande (cortado en cubitos)
- 2 dientes de ajo picado
- Al gusto, agregue sal

- Pimienta

Direcciones:
1. Calentar una olla a fuego medio
2. Agregar el aceite
3. Permita que el aceite se caliente
4. agregue la cebolla, el ajo, la zanahoria y el apio
5. Rehogar hasta que las verduras estén tiernas
6. Agregue el caldo o la salsa de tomate, los tomates cortados en cubitos
7. Añadir las especias
8. Agregue repollo a la olla
9. Reducir el calor
10. Dejar cocer a fuego lento durante unos 20 minutos.
11. Agregar sal al gusto
12. Agregar pimienta al gusto
13. Sirva la sopa caliente

Tocino Y Huevos

Ingredientes:

- 6 rebanadas de tocino
- 6 huevos
- Sal
- Y pimienta, al gusto

Direcciones:

1. Prepara una sartén grande
2. Coloque a fuego medio
3. agregar el tocino
4. Cocine hasta que esté crujiente y dorado.
5. Retire el tocino de la sartén
6. Rompe tus huevos en una sartén
7. Añadir sal y pimienta al gusto
8. Revuelve tus huevos como quieras
9. Servir con tocino

Pot Roast Y Frijoles Negros Asiáticos

Ingredientes:

- Tres cuartos de taza de salsa de frijoles negros asiáticos

- Un cuarto de taza de caldo de res

- Media libra de champiñones frescos o enlatados en rodajas

- Ocho onzas de arvejas frescas, recortadas

- Una cucharada de maicena

- Una cucharada de agua fría

- Arroz integral cocido caliente

- Un asado de carne de res deshuesada de 4 libras

- Media cucharadita de sal de mesa

- Media cucharadita de pimienta negra
- Una cucharada de aceite de oliva regular
- Una cebolla, cortada en trozos de 1 pulgada
- Cuatro cebollas verdes rebanadas

Direcciones:

1. Salpimenté el asado con sal y pimienta
2. En una sartén, caliente el aceite a fuego medio-alto.
3. Dore de cuatro a cinco minutos por cada lado.
4. Pase a una olla de cocción lenta. Añada la cebolla.
5. Mezcle la salsa de frijoles negros y el caldo, luego vierta sobre el asado.
6. Cocine, cubierto, a fuego lento durante unas cinco o seis horas.
7. Después, agregue los hongos y los guisantes y continúe cocinando a fuego lento hasta que la

carne esté tierna durante aproximadamente media hora.
8. Retire el asado y las verduras a un plato para servir, pero manténgalas calientes.
9. Mueva los jugos de cocción a una cacerola.
10. Ponga a hervir los jugos de cocción.
11. En un tazón, mezcle la maicena y el agua fría, luego revuelva en los jugos de cocción.
12. Ponga a hervir, cocine y mezcle de uno a dos minutos o hasta que espese.
13. Sirva asado con arroz cocido caliente y salsa.
14. Espolvoree sobre las cebollas de verdeo, sal y pimienta negra.

Pollo Y Ajo Con Hierbas Frescas

Ingredientes:

- Diez dientes de ajo pelados y cortados a la mitad
- Dos cucharadas de brandy
- Una taza de caldo de pollo
- Una cucharadita de romero fresco picado
- Media cucharadita de tomillo fresco picado
- Seis muslos de pollo deshuesados y sin piel
- Media cucharadita de sal de mesa
- Cuarto de cucharadita de pimienta negra
- Una cucharada de aceite de oliva regular
- Una cucharada de cebollino fresco picado

Direcciones:

1. Espolvoree el pollo con sal y pimienta.
2. En una olla de hierro fundido, caliente el aceite a temperatura media-alta.
3. Dore el pollo completamente por ambos lados.
4. Sácalo de la sartén.
5. Retire la sartén del fuego y añada los dientes de ajo cortados a la mitad y el brandy.
6. Caliente la llama, cocine y mezcle a temperatura media hasta que el líquido casi se evapore.
7. Mezcle en el caldo, romero y tomillo.
8. Añada de nuevo el pollo a la sartén.
9. Lleve a ebullición, baje la temperatura, cocine a fuego lento, sin tapa, hasta que un termómetro indique 170 grados Fahrenheit,
10. Espolvorear con cebollino.

Eglefino Con Tocino Y Tomate

Ingredientes:

- Dos cucharadas de aceite de oliva de primera calidad
- Una cucharada de mantequilla derretida
- Cinco filetes de eglefino (seis onzas cada uno)
- Dos cucharadas de jugo de limón recién exprimido
- Cuarto de cucharadita de sal
- Seis tiras de tocino picado
- Una cebolla mediana cortada en rodajas finas
- Un diente de ajo picado
- Una taza de pan rallado
- Dos tomates ciruelos picados

- Un cuarto de taza de perejil

Direcciones:

1. En una sartén, cocine el tocino usando los ajustes medios, mayormente cocidos, pero no demasiado.
2. Mezcle el ajo y la cebolla hasta que adquieran un color marrón dorado, mezcle aquí y allá de diez a quince minutos.
3. Retire del fuego y mezcle el pan rallado con el perejil y los tomates.
4. Póngalo en algún lugar cercano.
5. Ajuste el horno para que se cocine a 400 grados.
6. Engrase un molde de hornear con aceite y mantequilla
7. Ponga sus filetes en la sartén que está usando
8. Exprima el zumo de limón y añada un chorrito de sal.
9. Ponlo en la mezcla de pan rallado
10. Cocine en el horno de diez a quince minutos.

Bocaditos De Tocino, Chile Y Queso Con Pecanas

Ingredientes:

- ½ taza de pecanas picadas
- 6 tiras de tocino, cocido y desmenuzado
- ½ Taza de tomates en cuadros asados al fuego con chiles verdes
- ½ taza de queso monterey jack rallado

Direcciones:

1. En un tazón mediano, combine el queso crema y los tomates hasta quebien mezclado. Enfríe la mezcla en el refrigerador durante 30 minutos.
2. Dar forma a la mezcla de queso cremaen 16 bolas, de aproximadamente 1 pulgada de diámetro.
3. En un tazón pequeño y poco profundo, combine las nueces, el tocino y el queso Jack

rallado. Enrolle cada bola de queso crema en la mezcla de nuez y tocino para cubrir el exterior y colóquela en una bandeja para hornear.

4. Cuando todas las bolas estén recubiertas, poner elbandeja para hornear en el refrigerador y enfríe hasta que esté firme, aproximadamente 30 minutos. Transferir a un plato y servir.

Aceitunami Tapenade-Fille Dpepinor Bipruebas

Ingredientes:

- 1 diente de ajo, picado

- 1 cuchara de zest de limón fresco

- 1 cuchara de orégano fresco picado finamente

- ¼ de cuchara de pimiento rojo moliendo en escamas2 cucharadas de aceite de oliva

- 1 ingléspepino

- 2 cucharadas de alcaparras, escurridas, enjuagadas y picadas

- ½ taza de aceitunas kalamata deshuesadas, enjuagadas y picadas1 cuchara de cebolla roja en cuadros finos

- 1 cuchara de pimiento rojo en cuadros finos

Direcciones:

1. Corta el pepino en rodajas d'aproximadamente ½ pulgada de grosor.
2. Usando una cucharadita pequeña, saque algunas de las semillas de cada ronda de pepino para hacer un tazón, dejando intacta la capa inferior de semillas.
3. En un tazón pequeño, combinelas alcaparras, las aceitunas, la cebolla, el pimiento, el ajo, la ralladura de limón, el orégano, las hojuelas de pimiento rojo y el aceite de oliva y revuelva para combinar.
4. Vierta la tapenade en cada "tazón" de pepino, usando aproximadamente una cucharada colmada de relleno para cada uno. Servir inmediatamente.

El Pan De Lino Cetogénico Focaccia

Ingredientes:

- 1 cucharadita de azúcar moreno
- 5 huevos batidos grandes
- ½ taza de agua
- 13 taza de aceite de oliva
- 2 ½ tazas de harina de semillas de lino
- 1 ½ cucharadita de levadura en polvo
- 1 cucharadita de sal

Direcciones:
1. Precaliente el horno a aproximadamente 350 grados F, luego prepare un molde para hornear de 10 x 15 "junto con papel pergamino engrasado.

2. Mezclar perfectamente todos Ingredientes:secos (batirlos correctamente).
3. Agregue todos Ingredientes:húmedos a Ingredientes:secos, mezcle bien y asegúrese de que no sobresalgan hilos de clara de huevo a través de la masa.
4. Deje reposar la mezcla durante unos 3 minutos para permitir que se espese, pero no la deje reposar por mucho tiempo para que no se vuelva demasiado espesa para untar.
5. Vierta la masa en el molde para hornear y considere el hecho de que se amontonará desde el medio, por esta razón, debe esparcir la masa lejos del centro para lograr un grosor uniforme en el molde rectangular.
6. Hornee la masa durante unos 30 minutos hasta que el pan brote cuando presione el centro hacia abajo con el dedo.
7. El pan debe dorarse una vez que la harina de lino esté perfectamente cocida.

8. Enfríe el pan y córtelo en los tamaños apropiados. Puedes cortar la cama con la ayuda de una cuchara o una espátula.

Pan Keto De Romero Y Tomillo Con Semillas De Lino

Ingredientes:

- 2 cucharadas. de hojas de romero secas desmenuzadas
- 1 cucharada. de hojas secas de salvia
- 1 cucharadita de hojas de tomillo secas y molidas
- 1 ½ cucharada de ajo en polvo molido
- 12 huevos grandes
- 2 cucharadas. de aceite de oliva ligero
- ½ taza de leche entera (de preferencia leche de almendras)
- 1 taza de harina de coco

- 1 taza de harina de semilla de lino dorado
- 4 cucharaditas de aluminio - polvo de hornear libre
- 1 cucharadita de sal kosher
- 2 cucharadas. de vinagre de sidra de manzana crudo orgánico

Direcciones:

1. Precaliente su horno a aproximadamente 325 grados F, y engrase ligeramente una hogaza grande y no pegajosa de la sartén con la mitad del aceite de oliva, mientras cubre el fondo con un papel pergamino y deje la sartén a un lado.
2. Con la ayuda de una batidora de pie equipada con un accesorio de paleta, bata los huevos solo hasta que comiencen a formar espuma y burbujear alrededor de los bordes del tazón.

3. Agregue el aceite, la leche y la sidra de manzana y luego bata hasta que la mezcla esté perfectamente integrada.
4. Agregue Ingredientes:secos en lotes y mezcle hasta que estén bien combinados (Asegúrese de no mezclar demasiado, para evitar que el pan quede demasiado denso).
5. Con la ayuda de una mano ligera, solo raspe la masa espesa en el molde para hornear con la ayuda de una espátula y luego alise la parte superior.
6. Hornee el pan durante unos 90 minutos hasta que esté firme, luego enfríelo durante unos 5 minutos antes de sacarlo de la sartén, luego transfiéralo a una rejilla y enfríelo por completo.

El Bagel Cetogénico Definitivo

Ingredientes:

- ½ taza de semillas de calabaza

- 6 huevos (claras de huevo ecológicas)

- 1 cucharadita de sal

- 1 ¼ tazas de harina de coco

- ¼ de taza de fibra de Psyllium

- ½ taza de semillas de sésamo

- ½ taza de corazones de cáñamo

- 1 cucharada. de polvo de hornear (asegúrate de que no contengan aluminio).

Direcciones:

1. Precaliente su horno a aproximadamente 350 grados F, y luego obtenga un recipiente donde

pueda combinar todos Ingredientes:secos, mezcle bien los Ingredientes:.

2. Consigue una batidora, y dentro licúa suavemente las claras de huevo hasta que generen un poco de espuma (puedes hacer uso de un procesador de alimentos para el mismo propósito).

3. Agregue la clara de huevo espumosa sobre Ingredientes:secos, luego mezcle perfectamente con la ayuda de una cuchara, alternativamente, puede usar un procesador de alimentos.

4. Asegúrese de que la masa final se desmorone, luego agregue una taza de agua sobre la masa y continúe revolviendo hasta que se forme la masa, pero asegúrese de que se pegue cuando se forme una bola.

5. Coloque una hoja de papel pergamino dentro de la bandeja para hornear galletas, luego convierta la masa en seis bolas diferentes.

Sosteniendo la bola con una mano, pase suavemente el pulgar por el centro para crear un agujero antes de colocar la masa en la bandeja para hornear galletas para formar un bagel.

6. Asegúrate de presionar la masa con los dedos.
7. Espolvorea algunas semillas de sésamo sobre el bagel para que se vea aún más fascinante.
8. Hornee el bagel a unos 350 grados durante unos 55 minutos y déjelo enfriar dentro del horno después de hornear, para crear una parte superior crujiente. Sirve los bagels inmediatamente.

Espaguetis De Calabaza A La Boloñesa

Ingredientes:

- 2 cucharaditas de tomillo seco
- 2 cucharaditas de romero seco
- 2 cucharaditas de albahaca seca
- ¼ cucharadita de cayena
- 1 libra de carne molida
- 28 onzas de tomates triturados en lata
- 3 cucharadas de pasta de tomate
- 1 calabaza grande de espagueti
- 3 cucharadas de aceite de algas
- 1 y ¼ cucharaditas de sal marina (1 es para el gusto)

- ½ Cebolla amarilla mediana picada
- 5 dientes de ajo picados
- 1 cucharada de orégano seco
- 1 cucharada de perejil seco
- 2 cucharaditas de sirope de arce puro (opcional)

Direcciones:

1. Antes de comenzar, caliente el horno a 415 grados Fahrenheit.
2. Corte la punta y la cola de la calabaza espagueti y use una cuchara para sacar las semillas.
3. Rocíe la carne con 1 cucharada de aceite de algas y espolvoree con ¼ cucharadita de sal marina.
4. Coloque la calabaza en una bandeja para hornear cortada hacia abajo y ase de 45 a 50 minutos, o hasta que esté muy tierna.

5. Mientras tanto, use una sartén grande a fuego medio para cocinar 2 cucharadas de aceite de algas.
6. Agregue la cebolla y cocine y revuelva por unos 8 minutos (hasta que la cebolla esté translúcida).
7. Agregue el ajo y las hierbas (orégano a través de la cayena) y continúe cocinando durante 3 minutos.
8. Añada la sal marina, los tomates triturados, la pasta de tomate y el jarabe de arce puro.
9. Abre paso a la carne molida en la sartén.
10. Cocine la carne por 3 minutos por ambos lados (hasta que esté dorada).
11. Use una espátula para mezclar la carne con lo que hay en la sartén.
12. Añada 1 cucharadita de sal marina, tomates triturados, pasta de tomate y jarabe de arce. No cocine toda la carne todavía.

13. Revuelva y cocine de 30 minutos a una hora, dependiendo de cuando la salsa comience a hacer burbujas.
14. Según el sabor, añada más sal marina.
15. Vierta sobre los espaguetis de calabaza con albahaca fresca.

Rollitos De Primavera Con Salsa De Lima Y Maní

Ingredientes:

- 1 cucharada de vinagre de arroz
- 2 cucharaditas de raíz de jengibre fresca rallada
- 1 cucharadita de salsa sriracha
- 2 onzas de fideos secos de arroz integral
- 8 envoltorios redondos de papel de arroz integral
- 1 libra de gambas cocidas (desvenadas y peladas)
- tazas de col roja cortada en rodajas finas
- 1 rebanada grande de pimiento morrón naranjaamarillorojo en tiras finas

- 1 aguacate maduro deshuesado y cortado en rodajas
- Hojas de lechuga roja
- Hojas de cilantro fresco
- ½ taza de mantequilla de maní cremosa sin sal
- ¼ taza y 1 cucharada de agua tibia
- 2 cucharadas de jugo de limón recién exprimido
- 1 cucharada + 1 cucharadita de salsa de soja.
- Hojas de menta fresca

Direcciones:

1. Combine todos Ingredientes:en el tazón de un pequeño procesador de alimentos (batidora, licuadora), y luego comience a mezclar hasta que la mezcla esté suave (si la mezcla) es demasiado espesa, experimente agregando una cucharadita de agua y vuelva a mezclar.
2. Agregue sal y pimienta
3. Hierva el agua en una olla grande y cocine los fideos de arroz integral (según las Direcciones: del paquete).
4. Escurra el exceso de agua dejando que se enfríe.
5. Llene un tazón grande con agua caliente.
6. Remoje el papel de arroz integral en agua caliente durante 15 segundos.
7. Ponga de 3 a 4 mitades de seis gambas en fila, cortándolas hacia arriba en el centro del papel de arroz, dejando de 1 a 1,5 pulgadas a cada lado de las gambas.

8. Ponga los fideos de arroz cocidos encima de las gambas.
9. Añada Ingredientes:de la col roja desmenuzada, 2 o 3 tiras de pimiento morrón, dos rebanadas de hoja de aguacate y lechuga baby, y cilantro fresco (en ese orden).
10. Doble la mitad inferior de la envoltura (papel de arroz integral) sobre el relleno, manteniéndola en su lugar.
11. Enróllelo firmemente pero con cuidado para no rasgar el papel de arriba hacia abajo. (Repita para el resto).
12. Sirva con mantequilla de maní cremosa como salsa para mojar.

www.ingramcontent.com/pod-product-compliance
Lightning Source LLC
LaVergne TN
LVHW010220070526
838199LV00062B/4673